AF468005

Les Confréries de Charité
à Bernay
et aux environs

A Monsieur Léopold Delisle
Hommage respectueux de l'auteur
E. Veuclin

ANCIENNES CORPORATIONS
Civiles et Religieuses
DE LA NORMANDIE

LES CONFRÉRIES DES CAPTIFS
A BERNAY ET AUX ENVIRONS

PAR E. VEUCLIN
Membre de plusieurs Sociétés savantes

BERNAY
VEUVE A. LEFÈVRE, IMPRIMEUR
Rue des Fontaines, 40.

1877

ANCIENNES CORPORATIONS CIVILES ET RELIGIEUSES

DE LA NORMANDIE

LES CONFRÉRIES DES CAPTIFS

A BERNAY ET AUX ENVIRONS

I

Dans tous les âges, la France chrétienne a accompli des prodiges de charité qui ont étonné l'univers, et la ville de Bernay, en particulier, s'est souvent distinguée par sa générosité et son zèle en faveur des malheureux.

Dans un modeste chapitre d'histoire locale (1), nous avons récemment rapporté tout ce que cette cité doit de reconnaissance au grand apôtre de la charité, saint Vincent de Paul, qui y établit, en 1650, deux filles de charité qui rendirent de si grands services à la population cruellement éprouvée et décimée par une terrible peste. Aujourd'hui, nous parlerons d'une institution beaucoup plus ancienne et cependant peu connue, dont le but, non moins admirable que celui des *maisons de charité*, était d'obtenir le rachat des chrétiens esclaves des Mahométans; institution à laquelle Bernay, ainsi qu'un certain nombre de localités voisines, eurent l'honneur de s'associer dans une certaine mesure.

De nos jours, où les sociétés philanthropiques sans

---

(1) *Saint Vincent de Paul à Bernay, en* 1650. — Prix : 50 centimes au profit des pauvres.

Dieu abondent, où, contrairement à ce précepte du Christ : « *Quand vous faites l'aumône, que votre main gauche ne sache pas ce que fait la droite,* » la charité s'étale au grand jour, et n'est souvent qu'un prétexte pour satisfaire l'orgueil, la vanité et quelquefois la sottise de ceux qui composent ces sociétés, il nous a paru convenable de rappeler le souvenir, à peu près perdu, de ces humbles confréries, formées de riches et de pauvres qui, abritées sous le manteau de la religion catholique, et animées d'un même sentiment, celui de faire le bien, sans ostentation et sans bruit, trouvaient moyen, malgré la misère de l'époque, de venir en aide, par leurs prières et leurs aumônes, aux malheureuses victimes de la piraterie musulmane.

Disons quelques mots sur l'origine de ces institutions, que Voltaire lui-même qualifiait d'HÉROÏQUES :

« Aux XIIe et XIIIe siècles, les musulmans possédaient encore une grande partie de l'Espagne, qu'ils ne devaient perdre complétement qu'au XVe ; ils avaient des Etats puissants, et surtout le littoral de l'Afrique, baigné par la Méditerranée. De là, montés sur des vaisseaux rapides, ils allaient ravager tour à tour les côtes de la France, de l'Italie et des royaumes chrétiens de l'Espagne Barbares et cruels, ces pirates ne respectaient ni l'âge ni le sexe de leurs victimes ; tout ce qui était faible tombait sous le fer, et les captifs entassés d'abord sur les navires, puis accablés des plus durs travaux, allaient périr dans les domaines de leurs vainqueurs. L'apostasie seule pouvait racheter leur vie ; mais bien peu de ces chrétiens, dans l'âme desquels était fortement imprimée la foi catholique, consentaient, même au prix de la vie, à devenir des renégats.

« Des ordres militaires, notamment les Hospitaliers établis à Rhodes, puis à Malte (1), combattaient bien les infidèles, et, dans de sanglants combats, leur arrachaient de nombreuses victimes ; mais ces vaillants chevaliers étaient impuissants pour porter secours aux captifs entraînés dans l'intérieur des Etats barbaresques. Aussi, en 1198, deux Français, Jean de Matha (2) et Félix de Valois, touchés de ces misères, fondèrent-ils — avec l'approbation du pape Innocent III — un nouvel ordre religieux sous le nom de Frères de la Sainte-Trinité ou de Trinitaires, cet ordre eut pour mission spéciale d'employer les aumônes des fidèles au rachat des captifs chrétiens. Dans leur constitution, les Trinitaires ne devaient manger que des légumes et du laitage, afin d'économiser davantage et de pouvoir ainsi arracher plus de victimes aux barbares.

« Quelques années plus tard, en 1123, un ordre analogue, celui des Pères de la Merci, fut institué en Espagne par un Français, Pierre de Nolasque (3).

---

(1) L'ordre religieux et militaire de Saint-Jean de Jérusalem (appelé aussi de Malte, de Rhodes), fut fondé par un Français au milieu du XIe siècle Les chevaliers de cet ordre devaient donner l'hospitalité aux pauvres pélerins et combattre les infidèles. L'habillement des Hospitaliers était à peu près le même que celui des prêtres ; ils étaient distingués par une croix blanche à huit pointes cousue sur le côté gauche de leur robe et de leur manteau, ainsi que sur leur cotte d'armes qui était de couleur rouge.

(2) Jean de Matha était né en 1160 au bourg de Faucon, à l'extrémité de la Provence. (Fleury, *Hist. eccl.*)

(3) Pierre de Nolasque était un gentilhomme du Languedoc, né au Mas-Sainte-Puelles, près Castelnaudari.

Ces religieux s'obligeaient par vœu à engager leur propre personne et à demeurer prisonniers, si cela était nécessaire, pour la délivrance des captifs.

« Pendant de longs siècles, ces deux ordres religieux rivalisèrent d'abnégation et de dévouement dans leur pénible mission. L'on a calculé qu'en six cents ans le chiffre des esclaves rachetés par l'ordre *seul* de la Sainte-Trinité s'est élevé à *neuf cent mille*... (1) »

« Les Trinitaires, » lisons-nous dans l'*Histoire du pape Urbain IV*, par l'abbé E. Georges, » eurent pour chef-lieu de leur ordre Cerfroid, domaine que leur donna Gaucher III, de Châtillon-sur-Marne, aux confins de la Brie et du Valois.

« De ce foyer de dévouement s'élançaient les héroïques frères de la Rédemption. Les uns partirent pour la Palestine avec les comtes de Flandre et de Blois, afin d'arracher les esclaves aux souffrances du corps et aux dangers de l'âme ; d'autres allèrent sur les plages de l'Afrique traiter avec l'émir de l'échange des prisonniers contre des mahométans qui gémissaient dans les fers sur les côtes de France, d'Espagne et d'Italie.

« Malgré ces courses lointaines et ces immenses travaux que leur inspirait une ardente fraternité chrétienne, les Trinitaires s'imposaient les plus dures privations : l'usage du poisson leur était absolument défendu ; ils ne pouvaient manger de la viande que le dimanche, et encore fallait-il qu'elle leur eût été donnée en aumône ; ils ne devaient porter que des

(1) Tracts publiés par le comité des cercles catholiques d'ouvriers, à Paris.

vêtements grossiers, des chemises de serge, et, dans leurs voyages, ne monter que des ânes, ce qui les fit appeler vulgairement *Frères-aux-ânes*.

« Urbain IV donna son approbation à une règle moins sévère; il chargea Etienne Tempier, évêque de Paris, et les abbés de Sainte-Geneviève et de Saint-Victor de revoir avec soin les constitutions des Trinitaires et d'en retrancher toutes les observances trop rigoureuses; c'est ainsi qu'il leur fut permis de se servir de chevaux, d'acheter du poisson, d'user de viande; ils eurent pour costume l'habit blanc avec une croix rouge et bleue sur la poitrine. Ces modifications ne furent définitivement ratifiées qu'en 1267, par Clément IV. »

Les Trinitaires furent aussi appelés Mathurins, parce que l'église qu'ils occupaient à Paris était dédiée à saint Mathurin.

II

« Les couvents des Mathurins, très-répandus dans le Midi, étaient, « a écrit notre savant maître et bien regretté ami, M. Raymond Bordeaux, » très-rares en Normandie (1) : Verneuil fut probablement la première ville de notre province où se fonda, en 1205, une maison de Trinitaires.

En 1220, Lisieux reçut aussi deux religieux de cet ordre pour administrer la Maison-Dieu que venait de fonder Jourdain du Hommet. Les Mathurins restèrent à Lisieux jusqu'en 1791 (2).

(1) *Les confréries des captifs dans le département de l'Eure.* Alm.-ann. de l'Eure pour 1863.

(2) Ch. Vasseur. *Notice histor. sur la Maison-Dieu et les Mathurins de Lisieux*, 1864.

A Rouen, les Mathurins s'établirent en 1659, suivant Farin (1), en 1654, suivant N. Périaux (2); ils furent supprimés en 1792.

Gisors dût aussi, à un tailleur d'habits, nommé Nicolas Huet, l'installation, en mai 1610, de deux Trinitaires du couvent de Caillouet, près de Chaumont, dans le petit ermitage bâti par Huet, et connu sous le nom de Notre-Dame-de-Liessé (3).

En 1248, Gislebert des Essarts, seigneur croisé, ayant été fait prisonnier par les infidèles, fut racheté, moyennant 1500 écus d'or, par des religieux mathurins. En mémoire de cet événement, ce seigneur fonda le prieuré de la Sainte-Trinité de la Poultière à la Gueroulde qu'il confia à deux Trinitaires. Cette ministrerie subsista jusqu'en 1769, époque à laquelle elle fut réunie à Saint-Eloi de Mortagne (4).

III

« L'entreprise du rachat des captifs, lisons-nous dans un ouvrage publié au XVIIIe siècle par les Trinitaires (5), étoit trop vaste pour être l'ouvrage d'un ou deux ordres religieux, le Pape, dans cette vue, jugea qu'il étoit à propos d'y faire entrer autant de fidèles qu'il se pouvoit, et d'étendre cette charité à tous les

(1) Hist. de Rouen, édition du Souillet.

(2) *Hist somm. et chronol. de Rouen.*

(3) Charpillon et Caresme. *Dict. hist. de l'Eure,* Gisors.

(4) R. Bordeaux. *La légende du sire des Essarts.* Alm.-ann. de l'Eure pour 1870. — Notes communiquées par notre digne ami feu M. l'abbé Caresme.

(5) *La tradition de l'Église.* 2e partie de la relation de l'année 1720.

États qu'on devoit associer, pour l'institution d'une confrérie où il invitoit tous les chrétiens, touchés des malheurs de leurs frères, de vouloir entrer avec pouvoir aux religieux de l'ordre, de communiquer leur habit, et leurs avantages à tous ceux qui voudroient entrer dans leur zèle et leur charité. »

Telle fut l'origine des *Confréries des captifs* qui, à partir du XVIIe siècle, ne tardèrent pas à se répandre dans les villes et les campagnes de la Normandie, car le but était très-sympathique aux populations, même à celles qui paraissaient avoir le moins à en profiter.

Bien peu de localités ont conservé le souvenir ou les titres de ces confréries, aussi notre liste est-elle loin d'être complète.

Les Mathurins de Lisieux érigèrent dans leur église une *confrérie de la Très-Sainte-Trinité et Rédemption des captifs*, pour laquelle fut imprimée *à Lyon, vers le* XVIIe *siècle, un petit livret aujourd'hui très-rare* (R. Bordeaux).

Thomas Corneille dans son *Dictionnaire géographique* décrit ainsi un curieux tableau existant alors dans l'église des Mathurins de Lisieux :

« La contretable de leur grand autel est ornée de cinq grandes figures qui sont admirées de tout le monde. Les trois qui sont au-dessus représentent un ange revêtu d'un habit blanc, ayant, comme les religieux de cet ordre, une croix rouge et bleue sur l'estomac ; il tient deux captifs enchaînés, et les deux autres qui sont aux côtés de l'autel représentent leur deux patriarches : saint Jean de Mata et Félix, de l'illustre maison de Valois... » (Ch. Vasseur)

Une confrérie analogue existait également à Caudemuche. 2

Il existait aussi chez les Mathurins de Rouen une confrérie du scapulaire de l'Ordre. Ce scapulaire consistait en un petit morceau de serge sur lequel était cousu une petite croix rouge et bleue, signe distinctif de l'ordre des Trinitaires. (Farin.)

Une confrérie analogue fut érigée, en l'église de Saint-Aubin-le-Guichard, en l'honneur de la *Très-Sainte et Adorable Trinité et de Notre-Dame-du-Remède, en faveur de la rédemption des captifs*, par lettres de l'Official d'Evreux, en date du 26 juillet et 1er août 1659. Dans les statuts, modifiés le 23 mai 1724, il est dit « que le roi de la confrérie devait « faire tenir l'argent tant de ses questes et aumosnes « que des rentes de ladite confrérie au grand cou- « vent des Mathurins à Paris, et d'en représenter « bonnes et valables quittances. » Les treize confrères devaient porter « casaques blanches marquées « de croix rouges et bleues (1). »

La confrérie actuelle de charité a eu le bon esprit, et nous l'en félicitons, de conserver jusqu'à nos jours, sur ses chaperons, la croix rouge et bleue des Trinitaires.

Le maître-autel de l'église de cette paroisse est orné d'un tableau assez intéressant représentant une scène tirée du rachat des captifs ; ce tableau est loin de valoir celui de l'église voisine de Saint-Clair d'Arcey.

Il est fait mention plus haut des rentes que possédait la confrérie des captifs de cette paroisse ; nous avons retrouvé trace de quelques-unes :

« Le 10 juillet 1712, Pierre Morey, journalier de ladite paroisse, vend à la confrérie de la rédemption

(1) Notes communiquées par M. H. Quevilly.

des captifs de Saint-Aubin... la somme de 60 sols de rente hypothèque, moyennant 54 l. présentement payées audit Morey en louis d'argent de 100 sols et monnoie ayant-cours (1). »

Le 10 mai 1758, Louis Coustellier, directeur de ladite confrairie, reçut de Jean Godet, époux de Catherine Morey, la somme de 54 l. pour le franchissement de la rente ci-dessus.

« Le 1er juillet 1729, M. Guillaume Moullin, prêtre-curé de Saint-Aubin-le-Guichard, exécuteur testamentaire de M. Jean de Montreuil, prêtre-curé dudit lieu, remet à qui de droit la somme de 23 l. 6 s. 8 d. non comptés les 2 s. par livre, à cause de la somme de 140 l. données, par fondation perpétuelle, par ledit sieur de Montreuil, en faveur de la confrérie des captifs érigée en ladite paroisse, par acte passé chez le sieur Fournier, notaire à Beaumesnil, le 31 décembre 1725 (2). »

En 1757, « noble dame Anne Avril, » fille du seigneur du fief de Burey, près de Nonancourt, étant devenue veuve de Gabriel de Malvoue, écuyer, seigneur du Homme et du Bosronfley, à Saint-Aubin-le-Vertueux, reconnaissait, en qualité de tutrice de ses enfants, une rente hypothèque de 12 l. 8 s. 10 d. tournois que la famille de Malvoue s'était obligée de faire à la confrérie des captifs de Saint-Aubin-le-Guichard (3).

Nous n'avons trouvé aucun document sur la confrérie des captifs de Saint-Clair d'Arcey ; son existence

---

(1) Archives de la Société histor. de Lisieux.

(2) Archives de l'Eure. — Notes A. Gardin.

(3) R. Bordeaux. *Les confréries des captifs*.

est constatée seulement par un très-beau tableau non signé ornant le maître-autel et reproduisant presque identiquement la jolie vignette formant le frontispice de la *Relation* de 1720 et le tableau de l'église des Mathurins de Lisieux signalée par Corneille.

Bernay possédait aussi une confrérie des captifs ainsi que le témoigne le curieux tableau cité par M. Raymond Bordeaux et qui était placé, il y a une dizaine d'années, dans une des chapelles latérales de l'église de Sainte-Croix.

Ce tableau, peu remarquable au point de vue artis-tistique, est très-précieux pour l'histoire locale, et mérite, à plusieurs titres, le respect et l'attention des antiquaires et des savants.

Reléguée dans la tribune de l'orgue, exposée aux dégradations continuelles des enfants qui la défoncent à coups de pied et enlèvent avec leurs doigts la peinture qui s'écaille, il est vraiment à désirer qu'une meilleure place soit réservée à cette toile qui remémore un des plus beaux faits locaux : celui de la charité et du dévouement de nos ancêtres pour leurs frères esclaves; aussi, souhaiterions-nous la voir placée soit au musée de cette ville, soit ailleurs, où du moins elle soit à l'abri des outrages.

Ce tableau diffère des deux que nous avons mentionnés tout en se rapprochant du dernier. En voici la description :

La partie supérieure du tableau est occupée par la Sainte-Trinité.

Au premier plan à droite, cinq personnages : le dey richement vêtu, assis, à la mode orientale, sur une estrade recouverte de coussins et de tapis; trois gardes debout, l'un tenant une hallebarde et l'autre un mousquet à pierre, le troisième au bas des degrés de l'estrade; un jeune esclave tenant au-dessus de la tête du dey un immense parasol.

Au centre de la composition, trois personnages : l'interprète aussi accroupi et tenant, suivant la coutume, ses mains croisées sur sa poitrine; dans le fond, deux esclaves français enchaînés, à genoux ou accroupis, la tête rasée; trois captifs nus et martyrisés : l'un pendu la tête en bas au-dessus d'un brasier, les deux autres empalés forment, avec un édifice, le fond du tableau.

Au second plan, à gauche, neuf personnages debout; deux musulmans conversant avec les suivants: quatre religieux mathurins revêtus de leurs longues robes blanches, ornées sur la poitrine de la croix rouge et bleue à huit pointes; un gentilhomme français; deux esclaves noirs apportant deux lourdes caisses renfermant la rançon des captifs.

Dans le bas du tableau est la signature de l'artiste : *I. B. Dubois Pinxit* (1), avec cette inscription tracée en grandes lettres jaunes :

LES FRÈRES
ET SOEVRS
DE LA CONFRAIRIE
DE LA Ste-TRINITÉ ONT FAIT FAIRE CE TABLEAV
EN 1737.

---

(1) Le peintre Pierre Léger, élève de Jean Jouvenet, né à Rouen dans le XVIIe siècle, s'est fait connaître par un tableau représentant le *Rachat des captifs par les Religieux Mathurins.* (R. Bordeaux.)

IV

Lorsque les Pères Mathurins avaient recueilli en dons et en aumônes une somme suffisante, ils traversaient la mer, comme nous l'avons dit, pour aller racheter les esclaves.

La relation de leurs voyages était ensuite imprimée et les volumes vendus probablement au bénéfice de l'œuvre du rachat des captifs. Parmi ces ouvrages dont nous avons connaissance, plusieurs nous fournissent les noms de normands de notre contrée qui durent leur délivrance à ces hommes courageux dont plusieurs payèrent de leur vie leur généreux dévouement, exemple que ne paraissent guère être disposés à imiter nos fameux philanthropes modernes.

Voici les titres des ouvrages relatifs au rachat des captifs par les Trinitaires :

Relation de ce qui s'est passé dans les trois voiages que les religieux de la Mercy ont fait au Maroc pour la rédemption des captifs en 1704-1712. Paris, Coustelier, 1724, in-12.

Voyage pour la rédemption des captifs aux royaumes d'Alger et de Tunis, fait en 1720, *etc.* — Paris, Sevestre et Giffart, 1721, in-12 (1).

Relation en forme de journal du voiage pour la rédemption des captifs aux roïaumes de Maroc et

---

(1) Un exemplaire de cet ouvrage, faisant partie de la très-riche bibliothèque de notre ami, M. l'abbé Loir, porte cette mention manuscrite : « *Présenté à Madame la marquise de Prye par son très-humble serviteur le père Dominique Rx Trinitaire.* »

d'Alger pendant les années 1723, 1724 *et* 1725, *etc.* — Paris, Sevestre et Giffart, 1726, in-12 (1).

Relation des Etats de Fez et de Maroc, écrite par un Anglois qui y a été longtemps esclave, et traduit de M. Simon Ockley, professeur de langue arabe à l'Université de Cambridge. — Amsterdam, Mortier, 1726, in-12.

Etat des royaumes de Barbarie, Tripoly, Tunis et Alger, contenant la manière dont les Turcs y traitent les esclaves; comme on les rachette; et diverses avantures curieuses, etc. — Rouen, Mahuel, 1731, in-12.

Voyage dans les Etats barbaresques de Maroc, Alger, Tunis et Tripoly, ou lettres d'un des captifs qui viennent d'être rachetés par les chanoines de la Sainte-Trinité, avec leurs noms. — Paris, Guillot, 1705, in-12.

Le retour des Trinitaires et des esclaves rachetés était toujours l'objet de fêtes populaires dont le caractère religieux laissait un profond souvenir dans les esprits.

Dans un des ouvrages ci-dessus, nous trouvons la relation du passage, dans notre contrée, d'un convoi de 62 esclaves rachetés à Alger en 1720, parmi lesquels nous trouvons : Michel Albe, du Havre-de-Grâce, âgé de 43 ans, esclave pendant 10 ans. — Toussaint le Verd, d'Evreux, âgé de 31 ans, esclave 5 ans.

De Marseille, où ils arrivèrent le 20 mars de ladite année 1720, ces esclaves traversèrent un grand

---

(1) Cet ouvrage et le précédent nous ont été gracieusement offerts par notre ami M. H. Quevilly.

nombre de villes où ils furent reçus avec les manifestations de la joie la plus vive, puis, dit le narrateur :
« Le Mardi 21 Mai, seconde Fête de la Pentecôte, tous les Captifs se trouverent rassemblez avec les PP. députez dans la Maison de Roüen ; mais la procession qui s'en fit ce même jour, se trouva malheureusement dérangée par une pluïe abondante qui tomba, lorsqu'à peine elle ne faisoit que sortir du Couvent. La Paroisse de S. Godar en recüeillit avec joïe les débris, et lui donna lieu de se rallier jusqu'à ce que la pluïe fut cessée. Elle continua sa marche jusqu'en l'Eglise Métropolitaine, dédiée à la Sainte Vierge. Dés le midi une des grosses Cloches, nommée la Princesse, en avait annoncé la venuë ; et ne cessa point de sonner jusqu'à la sortie de la procession de ladite Eglise où on était entré au son de l'Orgue ; et le *Te Deum* fut chanté dans le Chœur par la Musique, comme l'Antienne de la Vierge en faux bourdon. Plusieurs Chanoines s'y trouverent par honneur. Aprés un long circuit, il y eut plusieurs autres stations, à S. Ouën, aux Jésuites, aux Minimes et à S. Nicaise, Paroisse de la Maison. En entrant dans la célébre Abbaïe de S. Ouën l'Orgue joüa; les deux grosses Cloches sonnerent, et quatre Benedictins se trouverent à l'entrée du Chœur pour recevoir les Esclaves, et inviter ceux qui composoient la procession à prendre place. Aux Jésuites il y eut Prédication par le P. Malecot, qui s'étendit fort sur le Naufrage de Madame la Comtesse du Bourk. Les Minimes reçurent en Corps la procession ; et à S. Nicaise, M. le Curé en Chape, accompagné de deux autres Chapiers, la prévint avec l'eau bénite et l'encens, l'Orgue joüant, et les Cloches sonnantes ; et aprés plusieurs Antiennes

chantées, la reconduisit jusqu'au bout du Cimetiere.

« La Communauté ne formoit pas seule le Corps de la procession; plusieurs Ecclesiastiques des Seminaires s'y étoient joints en grand nombre. Les trompettes et timbales précedoient la Croix; les hautbois et bassons suivoient les Esclaves qu'une multitude d'Anges accompagnoit par ordre; la Cinquantaine en habit d'Ordonnance étoit sous les armes; le Commissaire en chef de la Ville en habit de cérémonie, terminoit la marche. Les Etendarts étoient portez de distance en distance par une jeunesse magnifiquement vétuë; et de jeunes Clercs en Surplis portoient des flambeaux autour du Crucifix et de l'Image de la Sainte Vierge.

« Le Mercredi 22, le P. Comelin appella par son nom et surnom tous les Esclaves Flamans, et partit avec eux pour se rendre en Flandres. Il y eut environ quinze Esclaves qui resterent à Roüen jusqu'au jour de la Trinité, d'où le P. Philemon de la Motte les conduisit à Lizieux, suivant le désir de la Communauté et de la Ville, qui les avoit demandez : Ils y arriverent le 28, et le 29, veille du S. Sacrement, il s'y fit une procession. La Cathedrale les reçut avec honneur au son des cloches; on y chanta le *Te Deum* alternativement avec l'Orgue; il y eut station dans les deux Paroisses de la Ville, et n'y furent pas moins honorablement reçûs : On alla ensuite aux Jacobins où le P. Ambroise Toumin, Ministre des Trinitaires, chanta la grande Messe; et le P. Gabriel Vallée prêcha avec applaudissement. L'abbaïe des Dames; la Paroisse S. Désir; Messieurs du Seminaire, donnerent également des témoignages de leur pieté, et de leur zéle pour les Captifs. Une Compagnie de Cavaliers à pied marchoit sur les deux ailes de la procession, pour empêcher le désordre. Il y avait à la tête des trompettes et des tambours, et l'ordre qui fut gardé n'y plut pas moins que la multitude d'Anges, d'Etendarts et de Drapeaux qui en faisoit l'ornement.

« Les Captifs de leur propre mouvement se rendirent le lendemain Fête du S. Sacrement à la Cathedrale, et assisterent à la procession generale, et se rangerent deux à deux à la suite du S. Sacrement, porté par M. l'Evêque.

« Le Vendredi suivant, ils furent congediez aprés avoir reçû de quoi s'habiller, et se défraïer jusques chez eux; à la reserve cependant de quatre, qui aïant témoigné vouloir passer au Havre, furent conduits jusques à Honfleur, par les PP. Philemon, de la Motte et Gabriel Vallée; et où ils y furent reçus avec autant d'accueil et de distinction qu'à Lizieux, quoiqu'en un aussi petit nombre. »

Dans la seconde liste, comprenant 45 esclaves chrétiens rachetés dans la ville et royaume de Tunis, en mai 1720, nous trouvons encore plusieurs noms de compatriotes :

Antoine Lautier, de Honfleur, âgé de 50 ans, esclave 12 ans, et Michel Paris, de Rouen, âgé de 28 ans, esclave 5 ans.

Cette troupe, débarquée à Marseille le 29 mai, ne passa point par notre province.

La liste des 64 captifs français rachetés aux royaumes de Maroc et d'Alger, en l'année 1725, nous donne encore quelques noms de normands :

MAROC. — Germain Cavelier, natif de Honfleur, diocèse de Lisieux, âgé de 61 ans, esclave 40 ans. —

Nicolas Fiolet, natif de Fécan, diocèse de Roüen, âgé de 61 ans, esclave 38 ans. — Nicolas Boissel, natif de Dieppe, diocèse de Roüen, âgé de 60 ans, esclave 11 ans. — Olivier Desmarêts-Cotterel, natif de Saint-Malo, âgé de 22 ans, esclave 4 ans.

Alger. — Julien Bosnier, natif de Saint-Malo, âgé de 27 ans, esclave 1 an et 4 mois.

Jean Barré, de Saint-Valery-en-Caux, esclave 36 ans.

Les captifs du Maroc abordèrent au Hâvre, et ceux d'Alger à Marseille.

« Le Père le Roy débarqué au Havre avec les Captifs revenus du Roïaume de Maroc, y avoit déjà été reçû avec toutes les démonstrations de la charité que les Peuples avoient témoigné lors du départ des Peres deputez. Il y fit la Procession avec les Captifs, qui commença par l'Eglise Paroissiale. M. le Curé leur fit tous les honneurs que l'on pouvoit esperer de son zele : M. de la Grange Lieutenant de Roi, avoit donné ses ordres à ce que l'afluence des peuples n'y aportât point de trouble.

« De là à Lislebonne, à Caudebec, à Roüen, d'où les Religieux du même Ordre qui y sont établis, vinrent prendre les Captifs aux Vieux Palais de la Ville, et les conduisirent à l'Eglise du Couvent, où ils reçûrent la benediction du Saint Sacrement. Ils y séjournerent huit jours : on y fit une Procession aussi solennelle que celle qui s'est faite à Paris. On en fit une aussi a Ponteau-de-Mer, à Honfleur, où Me Matharel, en l'absence de M. son fils Gouverneur, eût les mêmes atentions qu'on avait eû au Havre; et ordonna de faire paroître au-dehors tous les Pavillons des Vaisseaux. M. le Curé de la Paroisse principale, aprés avoir célebré une grande Messe, fit faire la Procession avec les mêmes aparcils. M. le Curé de Pont-l'Evêque en fit de même à leur passage alant à Lisieux, où il y a une Maison de l'Ordre : les Captifs y parurent en procession, avec permission de MM. les Vicaires Géneraux ; ils furent reçus à la Catédrale, et étant de retour à l'Eglise de l'Ordre, M. l'Evêque d'Avranche y donna la benediction du Saint Sacrement, après le *Te Deum* chanté.

« On prit ensuite le chemin de Cerfroid, on passa à Neubourg, où se fit aussi la Procession ; de même aux Grands Andelis, à Gisors, où il y a aussi une Maison de l'Ordre. A Pontoise les Captifs furent menez en Procession à l'Abbaye de Maubuisson, où Madame l'Abbesse, sensible à la vûë de ces Infortunez, leur fit ses aumônes. On passa ensuite à Montmorenci, Maison de l'Ordre, d'où enfin on se rendit à Chelles. C'était un spectacle à présenter à la pieté et à la Religion de Madame l'Abbesse : cette Princesse qui fait joindre les qualitez du Sang Roïal, dont elle est issuë, à la modestie et à la plus rigoureuse Observance de sa Regle, trouva des objets qui donnerent une nouvelle occasion à la charité qu'elle exerce envers tous les pauvres par ses liberalitez, et par ses attentions dans leurs Infirmitez. »

En 1785, 313 esclaves furent rachetés à Alger par les Ordres de la Trinité et de la Merci ; parmi cette foule de malheureuses victimes de la piraterie musulmane se trouvait un certain nombre de nos compatriotes dont voici les noms :

L. Goutières, de Trun, diocèse de Séez, âgé de 54 ans, esclave pendant 28 ans. — M. Poidevin, de Cherbourg, 60 ans, esclave 28 ans. — J.-B. Fournel, du même lieu, 64 ans, esclave 17 ans. — L.-B. Rude mar, de Montivilliers, diocèse de Rouen, 44 ans, 12 ans esclave. — E. Loiset, de Clévile, diocèse de Coutances, 37 ans, esclave 11 ans. — L. Guérin, de Saint-Clair, diocèse de Séez, 45 ans, esclave 10 ans. — J. Bouché, d'Aurigny-le-R., même diocèse, 23 ans, esclave 9 ans. — L.-J.-D. de Bonnet, de Saint-Martin-sur-Renelle, diocèse de Rouen, 28 ans, esclave 5 ans. — F. Cousin, de Bonneville, même diocèse, 41 ans, esclave 6 ans. — P.-D. Putel, de S.-J.-de-Dieppe, 27 ans, esclave 6 ans.

Ces esclaves arrivèrent à Marseille le 9 juillet 1785 et une partie passa par Lisieux ; malheureusement nous n'avons pas les détails de la relation de leur passage dans notre contrée ; il est probable que les cérémonies furent à peu près les mêmes que celles que nous avons rapportées plus haut.

Ce fut, croyons-nous, le dernier voyage en Afrique des Trinitaires.

La Révolution en supprimant, quelques années plus tard, tous les ordres religieux, détruisit du même coup celui des Trinitaires, des Pères de la Merci et par là même les *Confréries des Captifs* ; cependant le sort des malheureux esclaves chrétiens n'avait pas changé, « car en 1805 » dit encore M. R. Bordeaux, « lorsque Napoléon envoya son frère Jérôme en ambassade auprès du dey d'Alger, Jérôme délivra et ramena *deux cent cinquante captifs.* »

Ce fut la conquête de l'Algérie, en 1830, sous Charles X, qui mit fin à la piraterie musulmane et à l'esclavage des chrétiens.

Comme nous le disions au commencement de cet opuscule, la charité a entièrement changé de forme et d'objet. S'il n'y a plus aujourd'hui de chrétiens captifs à racheter en Barbarie, combien en France n'y a-t-il pas d'esclaves de la libre-pensée et du respect humain !

Que Dieu donne aux Jean de Matha et aux Félix de Valois actuels, qui se dévouent aussi pour le salut de leurs frères, les moyens d'arracher ces malheureux de leur captivité morale, dont les conséquences sont si préjudiciables aux intérêts de notre patrie si tourmentée.

E. Veuclin.

Ouvrages relatifs au rachat des captifs et omis dans la nomenclature précédente :

Victoires de la charité ou relation des voyages de Barbarie faits en Alger par le R. P. Lucien Herault pour le rachat des français esclaves; aux années 1643-1645, *par les religieux de la congrégation reformée de l'Ordre de la Sainte-Trinité.* 1646 ; petit in-8°, avec titre gravé et imprimé.

Voyage d'Orient du R. P. Philippe de la Très-Saincte-Trinité, où il descrit les divers succez de son voyage, plusieurs régions d'Orient, leurs montagnes, etc., Lyon, Julliéron, 1652, in-8°.

Relation de la captivité du sieur Emanuel d'Aranda, où sont descriptes les misères, les ruses et les finesses des esclaves et des corsaires d'Alger. Paris, 1657, petit in-12, avec sommaire de l'antiquité de la ville d'Alger.

Quesné. — *Histoire de l'esclavage en Afrique (pendant trente-quatre ans), de P.-J. Dumont, natif de Paris, maintenant à l'hospice royal des incurables.* Paris, 1819, in-8°.

Ve Alfred LEFÈVRE
Imp. à Bernay.

www.ingramcontent.com/pod-product-compliance
Ingram Content Group UK Ltd.
Pitfield, Milton Keynes, MK11 3LW, UK
UKHW020548230726
13925UKWH00006B/2468